Fabian Aiteanu

Soft Computing in Expertensystemen

Inklusive Präsentation

GRIN Verlag

Bibliografische Information der Deutschen Nationalbibliothek:

Die Deutsche Bibliothek verzeichnet diese Publikation in der Deutschen Nationalbibliografie; detaillierte bibliografische Daten sind im Internet über http://dnb.d-nb.de/ abrufbar.

Impressum:

Druck und Bindung: Books on Demand GmbH, Norderstedt Germany
ISBN: 978-3-656-54391-6

Dieses Buch bei GRIN:

http://www.grin.com/de/e-book/57012/soft-computing-in-expertensystemen

FernUniversität Hagen

Seminararbeit

Thema:

Soft Computing in Expertensystemen

Verfasser:

Fabian Aiteanu

15. Juli 2005

Inhaltsverzeichnis

Abbildungsverzeichnis

Tabellenverzeichnis

1 Einführung

1.1 Zielsetzung

Eine wichtige Anwendung der künstlichen Intelligenz sind Expertensysteme. „Unter einem Expertensystem versteht man ein wissensbasiertes System mit Fähigkeiten zur Problemlösung bzw. Inferenzausführung, das zur Lösung von Aufgaben eingesetzt wird, die im Allgemeinen Spezialkenntnisse – d.h. eben einen Experten – verlangen.“[1]
Expertensysteme können in verschiedenen Bereichen eingesetzt werden, wie z.B. Beratung, Diagnose, Entscheidungsunterstützung, Forschung usw. Sie erhalten ihre Informationen von Experten und unterstützen Experten und Nicht-Experten bei ihrer Arbeit in einem bestimmten Aufgabengebiet.
Die Besonderheit bei den meisten der betrachteten Aufgabengebiete ist, dass die benötigten Informationen, aus denen Schlussfolgerungen gezogen werden, unscharf oder unsicher sind. Impräzises Wissen ist im Alltag sehr oft vorhanden, jedoch kann der Mensch trotzdem sinnvolle Schlussfolgerungen ziehen, wobei die Mechanismen dafür nicht genau bekannt sind.
Für die Arbeit auf solchen Gebieten mit impräzisem Wissen brauchen Expertensysteme ebenfalls Mechanismen, die mit derartigen Informationen umgehen können. Hier ergibt sich ein Berührungspunkt zum sog. „Soft Computing“, das den Umgang mit unscharfen Informationen zum Ziel hat.

1.2 Überblick

Zuerst wird der generelle Aufbau von Expertensystemen dargestellt und erläutert. Dabei wird besonderes Augenmerk auf die Wissensbasis und das Inferenzsystem gelegt. Zu den Aufgaben des Inferenzsystems gehört es auch, mit impräzisem und unvollständigem Wissen umzugehen, d.h. trotzdem sinnvolle Schlussfolgerungen daraus zu ziehen.
Dafür bedient sich das Inferenzsystem des approximativen Schließens, welches in Kapitel 3 erläutert wird. Basis des approximativen Schließens ist der generalisierte Modus ponens, der an gegebener Stelle erläutert und in einen Zusammenhang mit der klassischen Logik gebracht wird.

[1] Helbig, S. 244

Der Einsatz des generalisierten Modus verlangt für die Ermittlung einer Schlussfolgerung nach einem Implikationsoperator. Da prinzipiell verschiedene Implikationsoperatoren mit unterschiedlichen Eigenschaften zur Auswahl stehen, werden die Anforderungen erklärt, sowie konkrete Implikationsoperatoren und ihre Einsatzgebiete vorgestellt.

Ein Beispiel aus dem Bereich der Expertensysteme, in dem aus unscharfen Fakten und einer Regel mit Hilfe des approximativen Schließens eine Schlussfolgerung ermittelt wird, zeigt einen Einblick in die Berechnungskomplexität des approximativen Schließens.

Da in der Praxis selten eine einzige Regel zur Anwendung kommt, sondern üblicherweise ein komplettes Regelsystem, ist dem Einsatz von Fuzzy-Regelsystemen ein eigener Abschnitt gewidmet.

Den Abschluss bildet das Fazit mit einer Zusammenfassung und einem kurzen Ausblick.

2 Expertensysteme

2.1 Aufbau

Obwohl Expertensysteme durchaus unterschiedlich aufgebaut sein können, lassen sich einige allgemeine Komponenten erkennen, die in den meisten Expertensystemen vorhanden sind (s. Abbildung 1).

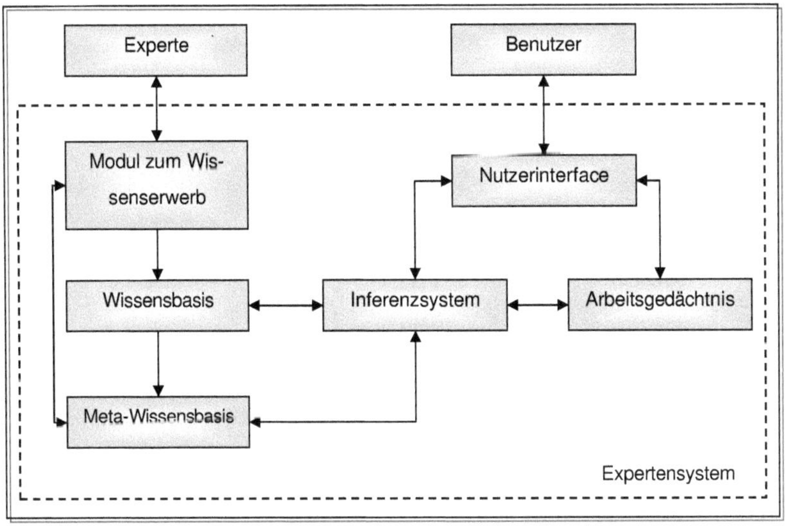

Abbildung 1: Aufbau eines Expertensystems[2]

- Eine *Wissensbasis*, die sowohl Fakten als auch Regelwissen über das Anwendungsgebiet enthält.
- Eine *Meta-Wissensbasis*, die Informationen über den formalen und inhaltlichen Aufbau der eigentlichen Wissensbasis enthält.
- Ein *Inferenzsystem*, das auf Nutzeranfragen bzw. Aufgabenstellungen Lösungen zu einem bestimmten Problem findet.
- Ein *Nutzerinterface*, das es gestattet, in einer benutzerfreundlichen Sprache mit dem System zu kommunizieren. An dieser Stelle kann auch eine Erklärungs-

[2] Vgl. Klir/Yuan, S. 303

komponente angesiedelt sein, die dem Benutzer erläutern kann, auf welche Art und Weise eine bestimmte Lösung gefunden wurde (oder warum nicht).

- Ein *Arbeitsgedächtnis*, welches zusammen mit einem Dialogmodell einzelne Benutzeranfragen bzw. Antworten auf einzelne Schritte logisch in einen Zusammenhang bringen kann.
- Ein *Modul zum Wissenserwerb*, das den Experten bzw. den Knowledge Engineer bei der Eingabe, Wartung und Editierung von Wissenselementen unterstützt.

Im Folgenden soll auf die beiden wichtigsten Komponenten näher eingegangen werden: die Wissensbasis und das Inferenzsystem.

2.2 Wissensbasis

Die Wissensbasis enthält das Fakten- und Regelwissen für ein bestimmtes Sachgebiet und versucht, das Wissen eines Experten nachzubilden. Die bekanntesten Repräsentationsmethoden für Faktenwissen sind Frames und semantische Netze, es gibt jedoch auch andere, z.B. prädikatenlogische Ausdrücke.

Ein Frame ist ein Schema, das zur Darstellung stereotypischer Sachverhalte und Objektbeschreibungen genutzt werden kann. Daten werden in Form von Merkmals-Wert-Paaren (auch Slots und Filler genannt) repräsentiert. Ein Filler kann ein „einfacher" Wert sein, wie z.B. eine Zeichenkette oder eine Zahl, oder auch wieder selber ein Frame. Dadurch kann eine rekursive Struktur entstehen.

In Abbildung 2 ist ein Frame dargestellt, der ein Auto repräsentiert. Die Slots Modell und Sitze enthalten einfache Werte, während Motor einen eigenen Frame enthält, der weitere Eigenschaften besitzt.

<table>
<tr><td>Modell</td><td>Golf</td></tr>
<tr><td>Motor</td><td><table><tr><td>Leistung</td><td>100 PS</td></tr><tr><td>Typ</td><td>Diesel</td></tr><tr><td>...</td><td>...</td></tr></table></td></tr>
<tr><td>Sitze</td><td>4</td></tr>
<tr><td>...</td><td>...</td></tr>
</table>

Abbildung 2: Ein „Auto"-Frame

Während Frames für die Darstellung einzelner, stereotypischer Objekte sehr gut geeignet sind, können semantische Netze auch weniger gut strukturierte Objekte darstellen. Semantische Netze sind aus Knoten und Kanten aufgebaut.

Knoten werden hauptsächlich für die Repräsentation von Objekten und Situationen verwendet, die (gerichteten) Kanten hingegen stellen die Relationen zwischen den Knoten dar. Je nach Anwendungsgebiet werden verschiedene Relationen eingesetzt, z.B. für die Darstellung von Besitzeigenschaften zwischen Objekten oder kausalen Zusammenhängen bei Abläufen.

Das semantische Netz in Abbildung 3 lässt sich natürlichsprachig umschreiben mit: „Das Dach ist Teil des Hauses der alten Frau.“[3] Die verwendeten Relationen sind folgende: PROP – Eigenschaft, POSS – Besitz und PARS – Teil von.

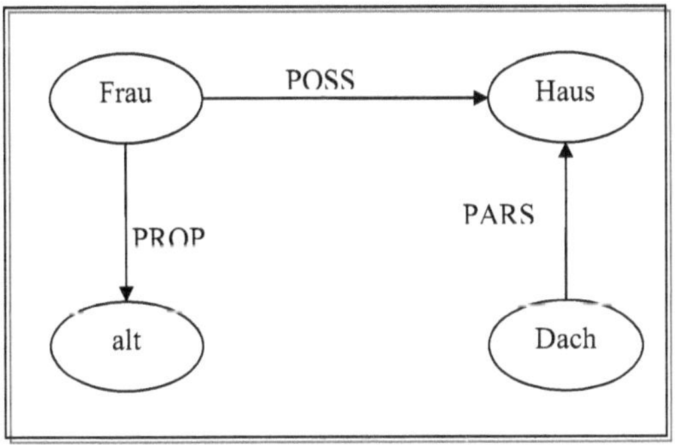

Abbildung 3: Semantisches Netz

2.3 Inferenzsystem

Das Inferenzsystem benutzt das gespeicherte Wissen, um das gestellte Problem zu lösen oder zu der Schlussfolgerung zu gelangen, dass es dies nicht kann. Es enthält die generelle Problemlösungsstrategie, die u. a. für die Auswahl der nächsten anzuwendenden Regeln und Wissenselemente zuständig ist. Dafür greift das Inferenzsystem auf die Meta-Wissensbasis zurück, welche Informationen darüber enthält, wie das eigentliche Wissen organisiert ist, welche Wissenselemente zuerst verwendet werden sollen, welche Informationen vom Benutzer abgefragt und welche geschlussfolgert werden sollen.

[3] Das semantische Netz ist bewusst vereinfacht dargestellt.

Grundsätzlich werden dem Inferenzsystem durch den Benutzer Fakten vorgegeben. Diese Fakten werden mit den Regeln und dem gespeicherten Wissen verarbeitet, so dass wahre Aussagen bzw. Schlussfolgerungen entstehen, die ebenfalls noch weiter verarbeitet werden können.

Die Meta-Regeln oder Kontrollstrategien, die auch im Inferenzsystem fest einprogrammiert sein können, zielen darauf, die Reihenfolge der Regelanwendungen so zu optimieren, dass zur Berechnung des Resultats möglichste wenige Wissenselemente der Wissensbasis betrachtet werden müssen.

Für den Inferenzprozess selber stehen zwei Möglichkeiten des Ablaufs zur Auswahl: die Vorwärtsdeduktion und die Rückwärtsdeduktion. Die Vorwärtsdeduktion fängt mit einem gegebenen Fakt an und wendet anschließend so lange die bekannten Regeln und Fakten aus der Wissensbasis an, bis sie eine Folgerung hergeleitet hat, die die Aufgabenstellung löst. Bei dem hergeleiteten Wissen kann es sich um ein instantiiertes Frame, den Knoten eines semantischen Netzes oder um eine logische Formel handeln. Ein Beispiel eines solchen Systems ist MACSYMA, welches zu einem gegebenen Term das bestimmte oder unbestimmte Integral berechnen kann.

Bei Systemen, die die Rückwärtsdeduktion verwenden, wird ein Fakt vorgegeben, der gewissermaßen eine Schlussfolgerung ist. Durch Rückwärts-Anwendung der Regeln wird die Ursache ermittelt, indem als Ergebnis der Rückwärtsdeduktion eine bereits bewiesene, wahre Aussage erreicht wird. Ein Beispiel hierfür ist das System MYCIN, dessen Aufgabe darin besteht, im Dialog mit dem Nutzer die Art des Erregers einer bakteriellen Infektion zu ermitteln und geeignete Therapievorschläge zu generieren. Die Rückwärtsdeduktion besteht gerade darin, aus den Symptomen einer Infektion auf ihre Ursache (den Erregertyp) zurück zu schließen.

Es gibt auch Systeme, welche die beiden Deduktionsarten simultan verwenden, in der Hoffnung, dass sich die Suchpfade während des Inferenzprozesses „in der Mitte“ treffen und damit die Suchdauer abkürzen.

2.4 Unschärfe in Expertensystemen

Bei dem Umgang mit Regeln und Fakten müssen ungenaue und unvollständige Informationen besonders berücksichtigt werden, die in vielen Sachgebieten vorkommen. Bei der symbolischen Integration in MACSYMA mag dies nicht der Fall sein, in der Medizin kommt es jedoch häufiger vor, dass „die Hautstelle ziemlich rot ist“ oder „die

Krankheit mit hoher Sicherheit Krebs ist". Dem Umgang mit solchen Fällen ist das Kapitel 3 gewidmet.

Es gibt eine ganze Reihe von Ursachen für unscharfe und unsichere Informationen in Expertensystemen. Zum einen kann die Lösung für Probleme in einem bestimmten Sachgebiet generell unsicher sein, was in der Medizin häufig auftritt.

Zum anderen können bei der Akquisition des Expertenwissens ungenaue Informationen eingegeben werden. Ein Experte ist sich im Allgemeinen nicht aller Informationen und Techniken bewusst, die er während der Lösungsfindung eines Problems einsetzt. Daher bildet das gespeicherte Wissen das des Experten nicht ganz genau ab.

Weitere Differenzen können sich dadurch ergeben, dass der Experte in seinem Inferenzprozess ebenfalls unsichere Informationen verwendet, ohne sich dessen bewusst zu sein.

3 Approximatives Schließen

3.1 Definitionen

„Unter dem Begriff approximatives Schließen werden Inferenzen über verschiedene Formen unsicheren oder unscharfen Wissens subsumiert.“[4] Es beinhaltet also das logische Schließen unter Verwendung von unscharfen Aussagen und Regeln. Die klassische Logik geht von einem zweiwertigen Wahrheitsbegriff aus, bei dem eine Aussage entweder wahr oder falsch ist. Dementsprechend lassen sich die Wahrheitswerte numerisch auch als 1 und 0 interpretieren.

Eine Implikation lässt sich somit als eine Funktion I: {0, 1} x {0, 1} ⇨ {0, 1} deuten. Die Funktionsvorschrift wird üblicherweise in der Form

$$I(a,b) = \neg a \vee b$$

angegeben, jedoch existieren auch andere, äquivalente Ausdrucksweisen wie

$$I(a,b) = \max\{x \in \{0,1\} \mid a \wedge x \leq b\}.$$

Die entsprechende Wertetabelle ist in Tabelle 1 zu sehen.

a	b	I(a,b)
0	0	1
0	1	1
1	0	0
1	1	1

Tabelle 1: Klassische Implikation

Im Zusammenhang mit implikativen Regeln ist der Modus ponens eine besonders wichtige Schlussregel. Ihm liegt folgendes Schema zugrunde:

$$\frac{\begin{array}{l} A \\ A \Rightarrow B \end{array}}{B}$$

Das Schema ist wie folgt zu verstehen: gegeben ist eine Aussage A, von der bekannt ist, dass sie wahr ist. Ferner ist die Implikation A ⇨ B ebenfalls als wahr gegeben. Der Modus ponens gestattet es nun, aus diesen beiden Informationen zu folgern, dass die Aussage B ebenfalls wahr ist.

---

[4] Biewer, S. 263

Der *generalisierte Modus ponens* ist eine Verallgemeinerung des klassischen Modus ponens, indem er nicht nur auf den Wahrheitswerten 0 und 1 operiert, sondern auf Possibilitätsverteilungen auf Werten aus dem Intervall [0,1]. Das Schlussschema des generalisierten Modus ponens (s. Abbildung 4) sieht dem klassischen Vorbild recht ähnlich, erlaubt jedoch auch die Verwendung von unscharfen Aussagen.

Eine unscharfe Aussage hat die Form „$x \in A$“, wobei x eine linguistische Variable ist und A eine Fuzzy-Menge. „Eine *linguistische Variable* (engl. linguistic variable) wird durch ein Quintupel (X, T, Ω, G, B) charakterisiert. Dabei ist X der *Name* der linguistischen Variablen. T bezeichnet die Menge der Terme von X – die *Term-Menge*. Die Terme sind die Namen der *linguistischen Werte* von X, wobei jeder linguistische Wert eine Fuzzy-Variable über der Grundmenge Ω mit der *Basisvariablen* ω darstellt. G ist eine Menge *syntaktischer Regeln* zur Generierung der Term-Menge und B eine Menge *semantischer Regeln*, mit denen jeder Term eine unscharfe Teilmenge von Ω als seine *denotative Bedeutung* zugewiesen werden kann.“[5]

Im einfachsten Fall enthält die Termmenge nur Atome, z. B. „klein“, „mittel“, „groß“. Es sind jedoch auch Kombinationen mit „linguistischen Hecken“ möglich, z. B. „sehr klein“. Hier ist „klein“ als linguistische Hecke darstellbar.

Die unscharfe Aussage $x \in A$ bestimmt eine Possibilitätsverteilung Π_X mit $\Pi_X(\omega) = \mu_A(\omega)$ für jedes ω in Ω_A. Eine Implikation $x \in A \Rightarrow y \in B$ bestimmt ebenfalls eine Possibilitätsverteilung, die durch R = I(A, B) gegeben ist.

$$\begin{array}{l} x \in A' \\ \underline{x \in A \Rightarrow y \in B} \\ \qquad\qquad y \in B' \end{array}$$

Abbildung 4: Schlussschema des generalisierten Modus ponens

Da die Aussagen unscharf sind, wird konsequenterweise nicht mehr verlangt, dass die Antezedenten (A und A’) bzw. Konsequenten (B und B’) genau übereinstimmen müssen. Andererseits wäre es auch wenig sinnvoll, zwei Aussagen auf Übereinstimmung zu überprüfen, wenn sie per se nicht einen eindeutigen Wert besäßen, sondern unscharf wären.

[5] Biewer, S. 229

Nun stellt sich die Frage, wie der Wahrheitswert der Konklusion B' aus den anderen Informationen zu ermitteln ist. Der Mechanismus hierfür ist die Verkettungsschlussregel. Sie erlaubt die Ableitung einer unscharfen Aussage aus der Verkettung zweier unscharfer Relationen. Die beiden Prämissen A' und A ⇨ B werden dafür als ein- bzw. zweistellige Relationen aufgefasst, was zu folgender Regel führt:

$$B' = A' \circ I(A, B)$$

Die Regel besagt, dass zuerst die *Implikationsrelation* I(A, B) berechnet wird und anschließend die Verkettung mit A' erfolgt. I(A, B) ist an dieser Stelle aber noch recht allgemein formuliert, und die schwierige Aufgabe besteht gerade darin, eine passende *unscharfe Implikation* zu bestimmen, mit der sich die gesuchte Relation zwischen A und B berechnen lässt.

3.2 Algebraische Anforderungen an Implikationsoperatoren

In Analogie zur klassischen Implikation ist eine unscharfe Implikation eine Abbildung I: [0, 1] x [0, 1] ⇨ [0, 1]. Damit stellt sich die Frage, welche dieser Abbildungen als sinnvolle Wahl einer Fuzzy-Implikation gelten könnten.

Ausgehend von der Implikation der klassischen Logik wurden daher algebraische Eigenschaften ermittelt, welche als Kriterien auch für Fuzzy-Implikationen gelten sollen.

1. $a \leq b \quad \Rightarrow \quad I(a,x) \geq I(b,x)$ (Monotonie im ersten Argument). Der Wahrheitswert von Implikationen steigt, wenn der Wahrheitswert des Antezedenten sinkt.
2. $a \leq b \quad \Rightarrow \quad I(x,a) \leq I(x,b)$ (Monotonie im zweiten Argument). Der Wahrheitswert von Implikationen steigt, wenn der Wahrheitswert des Konsequenten steigt.
3. $I(0,a) = 1$ (Dominanz der Falschheit). Aus einem falschen Antezedenten kann alles geschlossen werden.
4. $I(1,b) = b$ (Neutralität der Wahrheit). Ein wahrer Antezedent impliziert gar nichts.
5. $I(a,b) \geq b$ (Wahrheitserhaltung). Der Wahrheitswert der Implikation ist immer größer oder gleich dem des Konsequenten.
6. $I(a,a) = 1$ (Identität). Implikationen sind wahr, wenn die Wahrheitswerte von Antezedent und Konsequent gleich sind.

7. $I(a,I(b,x)) = I(b,I(a,x))$ (Austauschprinzip). Dies ist eine Verallgemeinerung der gleichwertigen Aussageformen $a \Rightarrow (b \Rightarrow x)$ und $b \Rightarrow (a \Rightarrow x)$ der klassischen Logik.
8. $I(a,b) = 1 \quad \Leftrightarrow \quad a \leq b$ (Grenzbedingung). Eine Implikation ist genau dann wahr, wenn der Wahrheitswert des Antezedenten kleiner oder gleich dem des Konsequenten ist.
9. $I(a,b) = I(c(b),c(a))$ (Kontrapositionsgesetz). Dies bedeutet, dass der Wahrheitswert einer Implikation erhalten bleibt, wenn Antezedent und Konsequent vertauscht und negiert werden. Klassische Form: $(a \Rightarrow b) \Leftrightarrow (\neg b \Rightarrow \neg a)$. Die Funktion c berechnet das Komplement des unscharfen Wertes a bzw. b.
10. *I ist stetig.* Dies soll sicherstellen, dass kleine Änderungen in den Wahrheitswerten von Antezedent und Konsequent keine großen Änderungen oder sogar Sprünge in den Wahrheitswerten der Implikation verursachen.

3.3 Beispiele für Fuzzy Implikationen

Im Folgenden werden beispielhaft einige Implikationen beschrieben, die im Bereich der Fuzzy-Implikationen häufig verwendet werden. Die Grundidee der ersten beiden Operatoren geht von der Berechnungsvorschrift der klassischen Logik aus:

$$I(a,b) = \neg a \vee b .$$

Diese Formel wird nun auf die Fuzzy Logik erweitert, indem die Disjunktion als Fuzzy-Vereinigung (u) und die Negation als Fuzzy-Komplement (c) interpretiert wird:

$$I(a,b) = u(c(a),b) .$$

Das Fuzzy-Komplement wird standardmäßig mit $c(a) = 1 - a$ berechnet, die Fuzzy-Vereinigung kann jedoch unterschiedlich gewählt werden.

Kleene-Dienes

Kleene und Dienes verwenden die Standard-Fuzzy-Vereinigung $u(a,b) = \max(a,b)$. Dies ergibt einen Implikationsoperator, der seinen Wert nach der Formel $I(a,b) = \max(1 - a, b)$ berechnet. Er erfüllt alle in Kapitel 3.2 genannten Anforderungen mit Ausnahme der Punkte 6 (Identität) und 8 (Grenzbedingung).

Lukasiewicz

Lukasiewicz verwendet als Fuzzy-Vereinigung die begrenzte Summe $u(a,b) = \min(1, a+b)$, was zu dem Implikationsoperator $I(a,b) = \min(1, 1-a+b)$ führt. Diese Funktion erfüllt alle der genannten axiomatischen Anforderungen an einen Implikationsoperator und wird daher besonders häufig eingesetzt.

Gödel

Der Implikationsoperator von Gödel verwendet als Ausgangsbasis die zweite vorgestellte Variante der klassischen Implikation (siehe S. 8), deren Pendant in der Fuzzy Logik wie folgt aussieht: $I(a,b) = \sup\{x \in [0,1] \mid i(a,x) \leq b\}$

Hierbei bezeichnet i eine kontinuierliche Fuzzy-Schnittmenge. Wird dafür der Standard-Fuzzy-Schnitt verwendet, so ergibt sich genau der Gödel-Implikationsoperator:

$$I(a,b) = \sup\{x \in [0,1] \mid \min(a,x) \leq b\} = \begin{cases} 1, & falls\ a \leq b \\ b, & falls\ a > b \end{cases}$$

Dieser Implikationsoperator erfüllt die ersten 8 genannten Anforderungen.

Gaines-Rescher

Gaines und Rescher verwendeten einen Implikationsoperator, der sich nur wenig von dem Gödels unterscheidet:

$$I(a,b) = \begin{cases} 1, & falls\ a \leq b \\ 0, & falls\ a > b \end{cases}$$

Die axiomatischen Eigenschaften sind erwartungsgemäß ähnlich, es wird aber zusätzlich das Kontrapositionsgesetz (Anforderung 9) erfüllt.

Die folgende Tabelle bietet einen Überblick über die axiomatischen Eigenschaften der vorgestellten Implikationsoperatoren.

Name	**Funktion I(a,b)**	**Erfüllte Axiome**
Gaines-Rescher	$\begin{cases} 1, & falls\ a \leq b \\ 0, & falls\ a > b \end{cases}$	1,2,3,4,5,6,7,8,9
Gödel	$\begin{cases} 1, & falls\ a \leq b \\ b, & falls\ a > b \end{cases}$	1,2,3,4,5,6,7,8
Kleene-Dienes	$\max(1-a, b)$	1,2,3,4,5,7,9,10
Lukasiewicz	$\min(1, 1-a+b)$	1,2,3,4,5,6,7,8,9,10

Tabelle 2: Eigenschaften der Fuzzy-Implikationsoperatoren

Wie die Tabelle zeigt, erfüllt nur die Lukasiewicz-Implikation alle Anforderungen. Es herrscht in der Fachwelt jedoch keine Einigkeit darüber, welche der genannten Forderungen berechtigt sind und welche von einer konkreten Fuzzy-Implikation notwendigerweise erfüllt werden müssen. Weiter wird hier noch nicht berücksichtigt, wie sich die Implikation im generalisierten Modus ponens verhalt. Um dies untersuchen zu können, muss zunächst die Bestimmung einer Implikationsrelation I(A, B) aus der gegebenen Fuzzy-Implikation I: [0, 1] x [0, 1] ⇨ [0, 1] erläutert werden.

3.4 Bestimmung der Fuzzy-Implikationsrelation

Der logische Schritt von einem Implikationsoperator I(a, b) mit den diskreten Wahrheitswerten a und b auf eine Implikationsrelation R=I(A, B) mit den unscharfen Mengen A und B komplettiert die Ableitungskette.

Ω_A und Ω_B seien die Grundmengen von A und B, sowie $x \in \Omega_A$ und $y \in \Omega_B$ Elemente der jeweiligen Mengen. $\mu_A : \Omega_A \rightarrow [0,1]$ ist der Zugehörigkeitsgrad jedes Elements der Grundmenge von A zu der unscharfen Menge A (analog für B).

Die Implikationsrelation stellt nun das Ergebnis der Anwendung des Implikationsoperators auf jedes Tupel der Zugehörigkeitsgrade von (x, y) aus den Grundmengen dar:

$$R = I(A,B) = \int_{\Omega_A \times \Omega_B} I(\mu_A(x), \mu_B(y)) \;/(x,y)$$

Zu beachten ist, dass das Integral-Zeichen hier nicht für die Berechnung eines Integrals steht, sondern lediglich eine schematische Schreibweise zur Definition einer Fuzzy-Menge darstellt. Für die diskreten Mengen A= „groß“ (auf der Grundmenge Gewichte) und B= „teuer“ (auf der Grundmenge Preise) ergibt sich beispielsweise die Implikationsrelation

I(groß, teuer) = 0,6/(20kg, 10€) + 0,8/(60kg, 80€) + …

3.5 Regeltypen

Abgesehen von den betrachteten algebraischen Eigenschaften der Fuzzy-Implikationen kann sich auch ihr Verhalten bei der Anwendung im generalisierten Modus ponens unterscheiden. Aus diesem Grund werden Fuzzy-Regeln anhand von semantischen Typologien differenziert. Die Typologien beziehen sich auf den Effekt, den Änderungen der Eingabe A' auf das Ergebnis B' des verallgemeinerten Modus ponens haben, wenn eine gegebene Implikation zur Bestimmung von R = I(A, B) genutzt wird.

Im Vergleich zur isolierten Betrachtung der algebraischen Eigenschaften erhält man so wichtige Informationen über ihre Eignung zur Modellierung eines bestimmten regelhaften Zusammenhangs.

Bezüglich der Regeln, die in Implikationen verwendet werden können, unterscheiden Dubois und Prade[6] drei Regelkategorien für unscharfes Schließen: wahrheits-, unsicherheits- und possibilitätsqualifizierende Regeln. Die Kenntnis der verschiedenen Regeltypen erlaubt für jeden konkreten Anwendungsfall die Auswahl einer passenden Implikation.

Wahrheitsqualifizierende Regeln formulieren graduelle Abhängigkeiten der Form „Je mehr dies, desto mehr das.“ Ein typisches Beispiel lautet „je roter die Kirsche ist, desto süßer ist sie“ oder anders formuliert: „wenn die Kirsche rot ist, dann ist sie süß“. Wenn ein gegebener Fakt im Kern mit der Prämisse der Regel übereinstimmt, dann können die verbleibenden Differenzen gut auf die Konklusion übertragen werden. Das bedeutet, dass aus dem Fakt „die Kirsche ist *sehr* rot“ die Folgerung „die Kirsche ist *sehr* süß“ gezogen werden kann.

Vertreter dieser Regelkategorie sind die Implikationsoperatoren von Gödel und von Gaines-Rescher.

Unsicherheitsqualifizierende Regeln sind von der Form „Je mehr dies, desto sicherer das.“ Das bedeutet, es wird ein Zusammenhang zwischen der Ausprägung eines Merkmals und der Gewissheit über ein anderes Merkmal hergestellt. „Je jünger ein Mensch ist, desto sicherer ist es, dass er noch ledig ist“ ist ein Beispiel hierfür. Der bereits erwähnte Implikationsoperator von Kleene und Dienes gehört dieser Kategorie an, während der Implikationsoperator von Lukasiewicz beiden Kategorien von wahrheits- und unsicherheitsqualifizierenden Regeln zuzuordnen ist.

Possibilitätsqualifizierende Regeln treten gewöhnlich in der Fuzzy-Regelungstechnik auf und werden nur auf exakte Eingabedaten angewandt. Die Regeln haben die Form „Wenn x A ist, dann ist y B.“ Standardmäßig wird hierbei der Minimum-Operator verwendet.

[6] Dubois und Prade, 1991, S. 170f, zitiert bei: Biewer

3.6 Anwendungsbeispiel

Das nun folgende Beispiel soll einen Eindruck von der Berechnungsweise einer unscharfen Schlussfolgerung unter Benutzung des generalisierten Modus ponens geben.[7]

Ausgangspunkt ist eine gegebene Regel zur Regulierung der Zimmertemperatur im Winter: „Wenn die Zimmertemperatur normal ist, dann soll das Heizungsventil halboffen sein." Gefragt ist nach der Einstellung für das Heizungsventil, wenn die Zimmertemperatur etwa 20 Grad beträgt.

In der Datenbasis gegeben sind die unscharfen Werte „normal" und „etwa 20 Grad" als Vektoren von Zugehörigkeitsgraden bezüglich der diskreten Grundmenge „Temperaturen".

Temperaturen =	[15	16	17	18	19	20	21	22	23	24	25]
Normal =	[0	0	0,3	0,7	1	1	1	0,7	0,3	0	0]
Etwa 20 Grad =	[0	0	0	0,2	0,7	1	0,7	0,2	0	0	0]

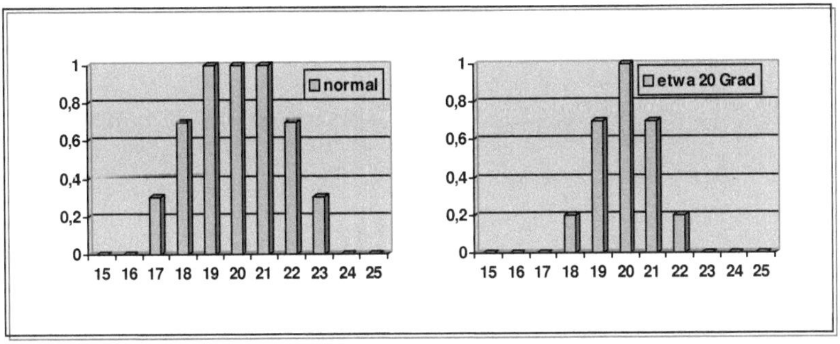

Abbildung 5: Zugehörigkeitsfunktionen der Temperaturen

Zusätzlich ist noch ein Vektor für den unscharfen Wert „halboffen" gegeben, der auf der Grundmenge „Ventilstellungen" definiert ist.

Ventilstellungen =	[0	0,5	1	1,5	2	2,5	3	3,5	4	4,5	5]
Halboffen =	[0	0	0	0,3	0,7	1	0,7	0,3	0	0	0]

[7] Das Beispiel ist angelehnt an Biewer, S. 279f.

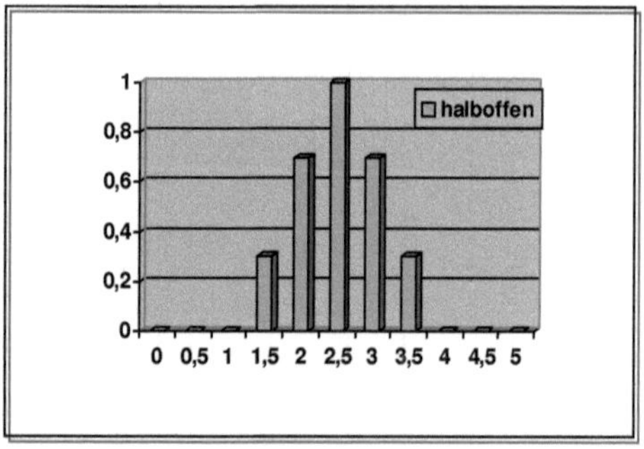

Abbildung 6: Zugehörigkeitsfunktion der Ventilstellungen

Das Schema des generalisierten Modus nimmt nun folgende Gestalt an:

Etwa 20 Grad	
normal	⇨ halboffen
	halboffen'

Die Berechnung der Konklusion erfolgt mit Hilfe der Verkettungsschlussregel:

$$Konklusion = etwa\ 20\ Grad \circ I(normal, halboffen)$$

Da die gegebene Regel vom Typ her wahrheitsqualifizierend ist, wird der Implikationsoperator von Lukasiewicz zur Berechnung der Implikationsrelation verwendet.

Es ergibt sich $I_{Lukasiewicz}(normal, halboffen) =$

$$= \begin{bmatrix} 1 & 1 & 1 & 1 & 1 & 1 & 1 & 1 & 1 & 1 & 1 \\ 1 & 1 & 1 & 1 & 1 & 1 & 1 & 1 & 1 & 1 & 1 \\ 0{,}7 & 0{,}7 & 0{,}7 & 1 & 1 & 1 & 1 & 1 & 0{,}7 & 0{,}7 & 0{,}7 \\ 0{,}3 & 0{,}3 & 0{,}3 & 0{,}6 & 1 & 1 & 1 & 0{,}6 & 0{,}3 & 0{,}3 & 0{,}3 \\ 0 & 0 & 0 & 0{,}3 & 0{,}7 & 1 & 0{,}7 & 0{,}3 & 0 & 0 & 0 \\ 0 & 0 & 0 & 0{,}3 & 0{,}7 & 1 & 0{,}7 & 0{,}3 & 0 & 0 & 0 \\ 0 & 0 & 0 & 0{,}3 & 0{,}7 & 1 & 0{,}7 & 0{,}3 & 0 & 0 & 0 \\ 0{,}3 & 0{,}3 & 0{,}3 & 0{,}6 & 1 & 1 & 1 & 0{,}6 & 0{,}3 & 0{,}3 & 0{,}3 \\ 0{,}7 & 0{,}7 & 0{,}7 & 1 & 1 & 1 & 1 & 1 & 0{,}7 & 0{,}7 & 0{,}7 \\ 1 & 1 & 1 & 1 & 1 & 1 & 1 & 1 & 1 & 1 & 1 \\ 1 & 1 & 1 & 1 & 1 & 1 & 1 & 1 & 1 & 1 & 1 \end{bmatrix}$$

Anschließend wird die Verkettungsoperation durchgeführt (eine sup-min-Verkettung) und der Ergebnisvektor lautet

$Konklusion = etwa\ 20\ Grad \circ I_{Lukasiewicz}(normal, halboffen) =$

$$[0{,}2 \quad 0{,}2 \quad 0{,}2 \quad 0{,}3 \quad 0{,}7 \quad 1 \quad 0{,}7 \quad 0{,}3 \quad 0{,}2 \quad 0{,}2 \quad 0{,}2]$$

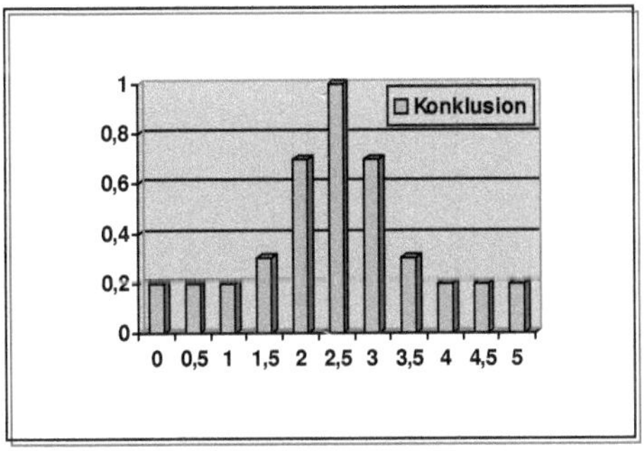

Abbildung 7: Konklusion für die Heizungsregelung

Die Folgerung lautet somit, dass das Heizungsventil auf die Stellung 2,5 gesetzt werden sollte.

3.7 Fuzzy Regelsysteme

Das vorherige Beispiel verdeutlicht die Anwendung einer einzelnen Regel in einem Inferenzprozess. In der Praxis wird aber nur selten eine einzige Regel eingesetzt, sondern eher ein ganzes Regelsystem. Dabei stellt sich das Problem, während des Inferenzprozesses mehrere Regeln anzuwenden bzw. ihre Ergebnisse zu kombinieren.

Nach Zadeh wird eine einfache Fuzzy-Regel der Form „wenn A, dann B" über eine un scharfe Relation R modelliert. Sind A und B gegeben, so erfüllt die Relation *R=I(A, B)* die Gleichung $A \circ R = B$.

Für ein System von Fuzzy-Regeln der Form „Wenn A_i, dann B_i" wird also eine Relation R gesucht, die sämtliche Gleichungen $A_i \circ R = B_i$ erfüllt. Dies ermöglicht es, im Inferenzprozess durch Berechnung von $B' = A' \circ R$ alle Regeln simultan anzuwenden, weshalb das Vorgehen auch „global" genannt wird. Das globale Vorgehen bietet im Vergleich zu einem lokalen Vorgehen eine spezifischere Lösung, dafür ist die Rechenkomplexität außerordentlich hoch. Zudem besitzen Relationalgleichungssysteme nur unter bestimmten Bedingungen eine Lösung, so dass der Einsatz bei praktischen Problemen stark eingeschränkt ist.

Das lokale Vorgehen, welches z.B. bei Fuzzy-Reglern Einsatz findet, besteht in einer sukzessiven Anwendung der Regeln auf die Eingabedaten mit anschließender Schnittbildung der Ergebnisse. Nicht anwendbare Regeln stellen kein Problem dar, weil ihr Berechnungsergebnis „unbekannt" lautet, in dem Sinne, dass jeder Wert uneingeschränkt möglich ist. Der generierte Zugehörigkeitsgrad von 1 zu dem Konsequenten einer solchen Regel fällt bei der Schnittbildung mit dem min-Operator weg, weil min(x, 1)=x gilt.

Mit Hilfe der Gödel-Implikation lässt sich ein effizientes Verfahren zur Anwendung mehrerer Regeln durchführen.[8] Dabei werden die Zugehörigkeitsfunktionen der Fakten sowie Antezedenten und Konsequenten der Regeln zu den entsprechenden Fuzzy-Mengen näherungsweise als Trapezfunktionen dargestellt. Damit erfolgen die weiteren Berechnungen nur noch auf den Trapez-Eckpunkten und nicht mehr auf jedem einzelnen Wert der Fuzzy-Mengen, was die Berechnungskomplexität erheblich mindert.

[8] Vgl. Biewer, S. 297ff

4 Fazit

Das approximative Schließen stellt einen wichtigen Ansatz für den Umgang mit unscharfem und unvollständigem Wissen dar. Besonders in Expertensystemen, deren Aufgabenstellungen impräzise Lösungen besitzen, ist der Einsatz von Methoden des approximativen Schließens unumgänglich.

Das Expertensystem muss in der Lage sein, die impräzisen Wissenselemente in einer adäquaten Form aufzunehmen, sie weiter zu verarbeiten und dem Benutzer entsprechend wieder zu präsentieren.

Der generalisierte Modus ponens stellt die zentrale Schlussregel dar, mit deren Hilfe unscharfe Schlussfolgerungen aus unscharfen Fakten und Regeln gezogen werden können. Dafür bedient er sich der Verkettungsschlussregel sowie einem von mehreren zur Verfügung stehen Implikationsoperatoren. Die Auswahl eines geeigneten Implikationsoperators kann in Abhängigkeit vom gewünschten Verhalten der Regel erfolgen (s. Regeltypen).

Obwohl dadurch das menschliche Schließen teilweise nachgebildet wurde, bestehen immer noch eine Reihe von Problemen, sowohl inhaltlicher als auch technischer Natur. Das Beispiel aus Kapitel 3.6 hat verdeutlicht, dass selbst bei einem einzelnen Fakt mit einer einzigen anzuwendenden Regel der Berechnungsaufwand recht hoch ist. Kämen mehrere Regeln und Fakten zur Anwendung, so ergäbe dies ein Relationalgleichungssystem, aus dem eine unbekannte Relation zu berechnen wäre. Hierfür müssten mit Hilfe der Verkettungsschlussregel sämtliche Implikationsrelationen berechnet werden, was durch die Größe der Berechnungsmatrizen zu hohen Speicheranforderungen und einem großen Zeitbedarf führt.

Die Problematik bzgl. des Inhalts wird in dem Beispiel in der Konklusion ebenfalls deutlich. Obwohl der Kern des Fakt „etwa 20 Grad“ und der Kern der Regel „normal“ ⇨ „halboffen“ übereinstimmen, ist die Konklusion von einem hohen Unsicherheitsniveau gekennzeichnet. Sowohl die Ventilstellungen 0 als auch 5 besitzen einen Zugehörigkeitsgrad zu den möglichen Lösungen von 0,2. Die Verwendung von weiteren unscharfen Regeln hätte den Informationsgehalt der Konklusion weiter gesenkt.

In neueren Ansätzen[9] wird daher die Berechnung einer unscharfen Implikationsrelation zugunsten von skalaren Ähnlichkeitsmaßen, welche effizienter handhabbar sind, ver-

[9] Vgl. Biewer, S. 302

mieden. Ob diese neuen Ansätze jedoch insgesamt erfolgreicher sind, muss sich erst noch zeigen.

Quellenverzeichnis

B. Biewer, Fuzzy Methoden. Springer, Heidelberg, 1997.

D. Dubois, H. Prade, Fuzzy Sets in approximate reasoning. Part 1: Inference with possibility distributions. In: Fuzzy Sets and Systems, 40: S. 143-202, 1991.

H. Helbig, Künstliche Intelligenz und automatische Wissensverarbeitung. 2. Auflage. Verlag Technik, Berlin, 1996.

A. Kandel, Fuzzy Expert Systems. CRC Press, Boca Raton, 1991.

G. Klir, B. Yuan, Fuzzy Sets and Fuzzy Logic: Theory and Applications. Prentice Hall, Upper Saddle River, New Jersey, 1995.

Soft Computing in Expertensystemen

Fabian Aiteanu

Überblick

- Expertensysteme
- Approximatives Schließen
- Generalisierter Modus ponens
- Fuzzy Implikationen
- Anwendungsbeispiel

Expertensysteme

„Unter einem Expertensystem versteht man ein wissensbasiertes System mit Fähigkeiten zur Problemlösung bzw. Inferenzausführung, das zur Lösung von Aufgaben eingesetzt wird, die im allgemeinen Spezialkenntnisse – d.h. eben einen Experten – verlangen.“

Helbig

Expertensysteme - Aufbau

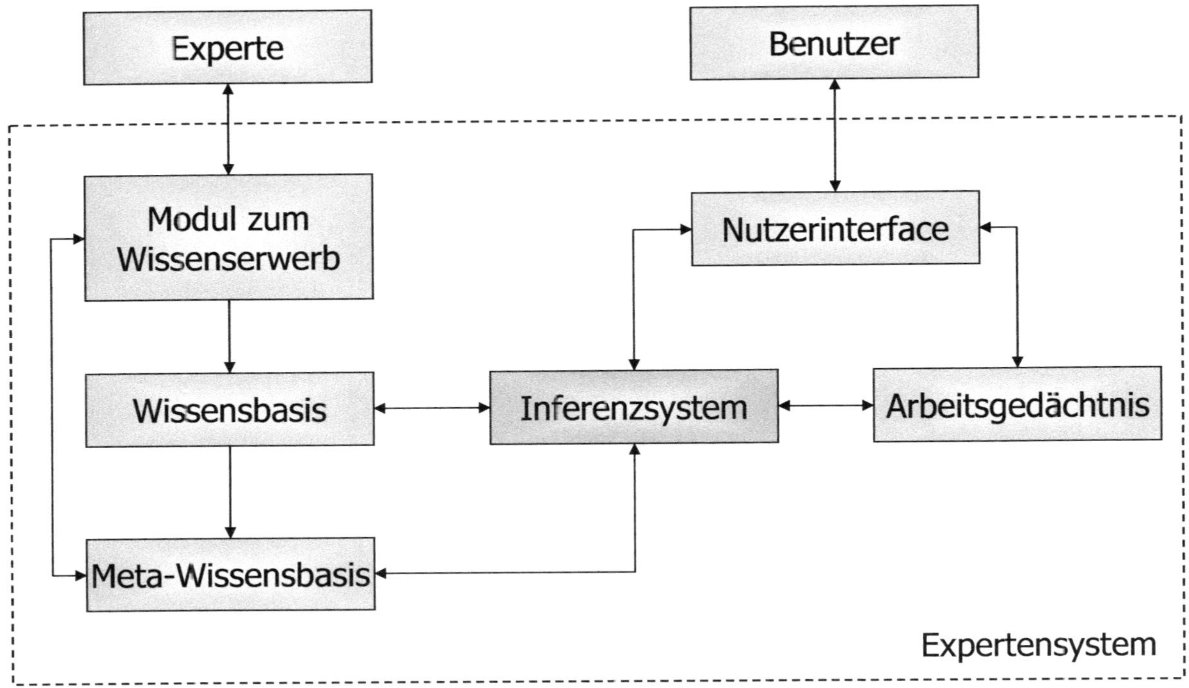

Wissensrepräsentation

- Faktenwissen
  - Frames
  - Semantische Netze
  - Beispiel: „Ein Auto hat 4 Räder."
- Regelwissen
  - Wenn-dann-Regeln
  - Horn-Klauseln
  - Beispiel: „Wenn die Erde eine Kugel ist, dann ist sie keine Scheibe."

Inferenzsystem

- Für die Ermittlung der Problemlösung zuständig
- Greift auf Wissen und Metawissen zurück
- Zwei Vorgehensweisen möglich:
  - Vorwärtsdeduktion
    (Fakten + Regeln ⇨ Folgerung)
  - Rückwärtsdeduktion
    (Ziel ⇦ Fakten + Regeln)

Implikationen

- Klassische Implikation
  „Wenn a, dann b."
  $I : \{0, 1\} \times \{0, 1\} \Rightarrow \{0, 1\}$

a	b	I(a,b)
0	0	1
0	1	1
1	0	0
1	1	1

$$I(a,b) = \neg a \vee b$$

Modus ponens

- Wenn A, dann B. Gegeben A. Folglich B.

$$\frac{A \qquad A \Rightarrow B}{B}$$

- Wenn jemand Physiker ist, dann beschäftigt er sich mit Physik.
- Newton ist Physiker.
- Folglich beschäftigt sich Newton mit Physik.

Approximatives Schließen

- Beispiel: Heizungsregelung
- „Wenn die Zimmertemperatur normal ist, dann soll das Heizungsventil halboffen sein."
- „Die Zimmertemperatur beträgt etwa 20 Grad Celsius."
- Folgerung für das Heizungsventil: ???

Unscharfe Aussagen

- Form: $x \in A$
- x: linguistische Variable
  - Termmenge („niedrig“, „normal“, „hoch“)
- A: Fuzzy Menge

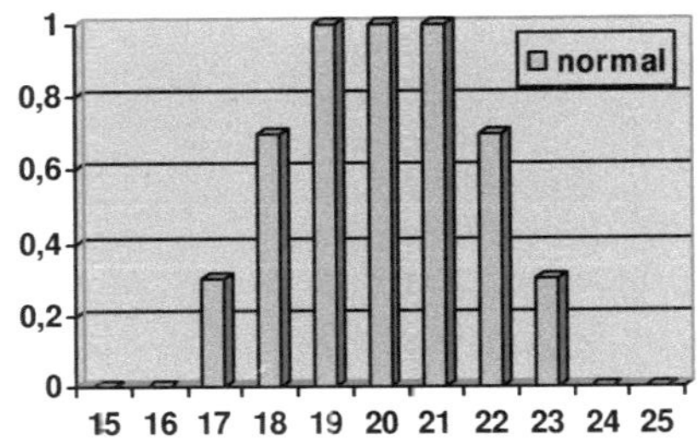

Generalisierter Modus ponens

$$\frac{\begin{array}{l} x \in A' \\ x \in A \Rightarrow y \in B \end{array}}{y \in B'}$$

- Alle Aussagen unscharf
- Antezedenten (A, A') müssen nicht genau übereinstimmen
- Konsequenten (B, B') ebenfalls nicht
- Verkettungsschlussregel:

$$B' = A' \circ I(A, B)$$

Verkettungsschlussregel

$$B` = A` \circ I(A, B)$$

- Zuerst Implikationsrelation berechnen
  - Wichtig: es stehen mehrere Implikationsoperatoren zur Auswahl
- Danach Verkettung mit dem Antezedenten (A`)
- Ergebnis ist die unscharfe Konklusion B`

Fuzzy Implikationen

- Fuzzy-Implikation
  „Wenn $x \in A$, dann $y \in B$."
- $I : [0, 1] \times [0, 1] \Rightarrow [0, 1]$
- Randbedingungen:
  $I(0, 0) = I(0, 1) = I(1, 1) = 1$
  $I(1, 0) = 0$

Algebraische Eigenschaften

- Weitere Eigenschaften:

$$a \le b \quad \Rightarrow \quad I(a,x) \ge I(b,x)$$

$$a \le b \quad \Rightarrow \quad I(x,a) \le I(x,b)$$

$$I(0,a) = 1 \qquad I(1,b) = b$$

$$I(a,b) \ge b \qquad I(a,a) = 1$$

$$I(a, I(b,x)) = I(b, I(a,x))$$

$$I(a,b) = 1 \quad \Leftrightarrow \quad a \le b$$

$$I(a,b) = I(c(b), c(a))$$

$$I \text{ ist stetig}$$

a	b	I (a,b)
0	0	1
0	1	1
1	0	0
1	1	1

Fuzzy Impl.: Kleene-Dienes

- Klassische Implikation:

  $$I(a,b) = \neg a \vee b$$

- Fuzzy Implikation:

  $$I(a,b) = u(c(a),b)$$

- Implikationsoperator von Kleene-Dienes
  - Fuzzy Komplement: $c(a) = 1 - a$
  - Fuzzy Vereinigung: $u(a,b) = \max(a,b)$

  $$I(a,b) = \max(1-a,b)$$

Kleene-Dienes

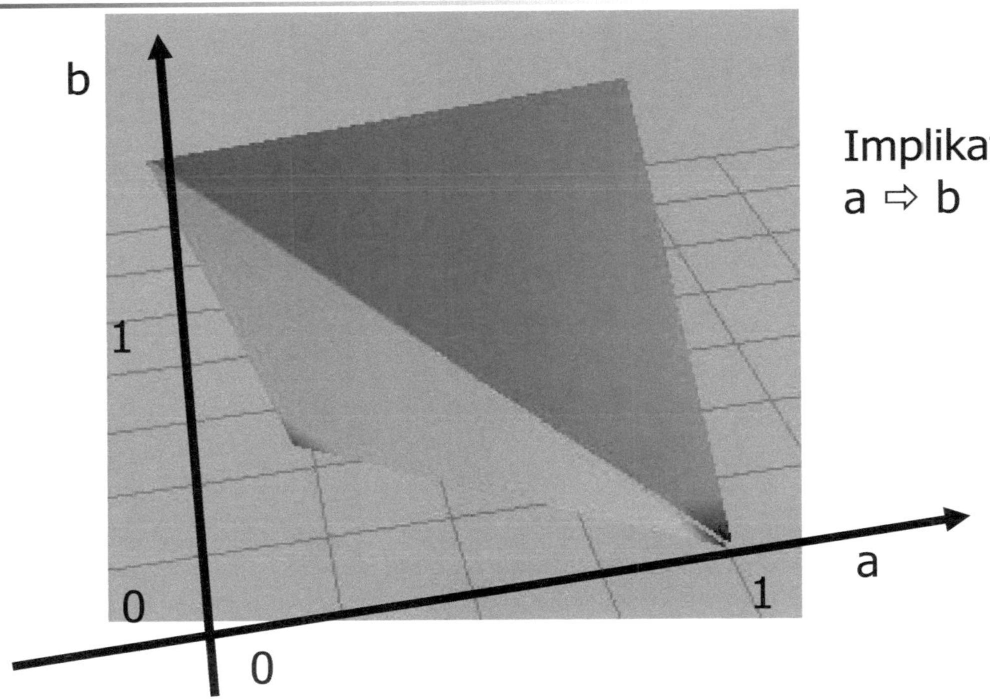

Implikation
a ⇨ b

Fuzzy Impl.: Gaines-Rescher

$$I(a,b) = \begin{cases} 1, & falls\ a \leq b \\ 0, & falls\ a > b \end{cases}$$

- Erfüllt die Axiome 1-9, ist aber nicht stetig

Gaines-Rescher

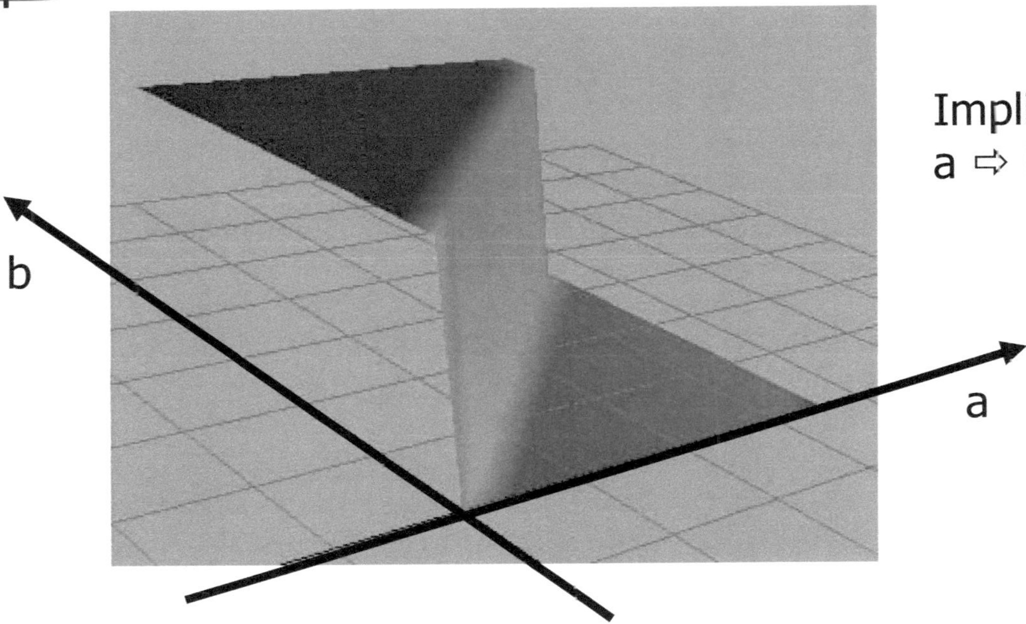

Implikation
a ⇨ b

Fuzzy Implikationsrelation

- Schritt vom Implikationsoperator I(a,b) zur Implikationsrelation I(A, B)

  $\mu_A : \Omega_A \rightarrow [0, 1]$

- Zugehörigkeitsgrad von x $\in \Omega_A$ zu A
- Anwenden des Implikationsoperators auf jedes Tupel der Grundmengen der Fuzzy-Mengen A und B

  $$R = I(A,B) = \int_{\Omega_A \times \Omega_B} I(\mu_A(x), \mu_B(y)) \, /(x, y)$$

Beispiel Implikationsrelation

- A = „groß“
  (auf der Grundmenge Gewichte)
- B = „teuer“
  (auf der Grundmenge Preise)

- I(groß, teuer) = 0,6/(20kg, 10€) + 0,8/(60kg, 80€) + …

Regeltypen für Fuzzy-Regeln

- Semantische Unterscheidung
- Welchen Einfluss hat eine Änderung von A' auf B'?

$$\frac{x \in A' \qquad x \in A \Rightarrow y \in B}{y \in B'}$$

- Typologie nach Dubois / Prade
- Wahrheitsqualifizierende Regeln:
  - „je mehr dies, desto mehr das"
  - Z.B. Gaines-Rescher

Regeltypen für Fuzzy-Regeln 2

- Unsicherheitsqualifizierende Regeln:
  - „je mehr dies, desto sicherer das"
  - Z.B. Kleene-Dienes
- Possibilitätsqualifizierende Regeln:
  - „Wenn x A ist, dann ist y B"
  - Z.B. Minimum-Operator
  - Einsatz in der Fuzzy-Regelungstechnik

Anwendungsbeispiel Teil 1

- Temperaturen

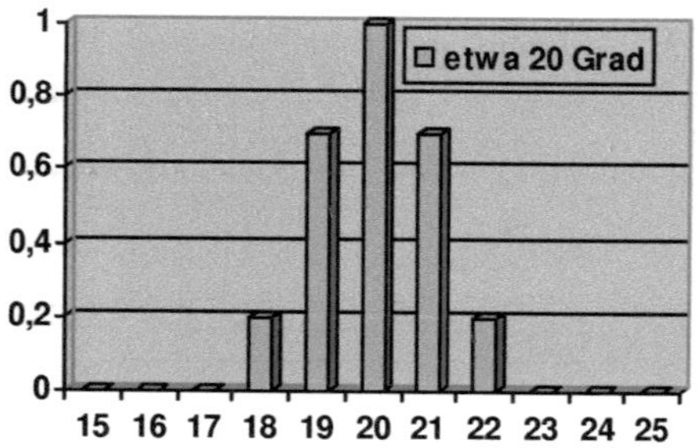

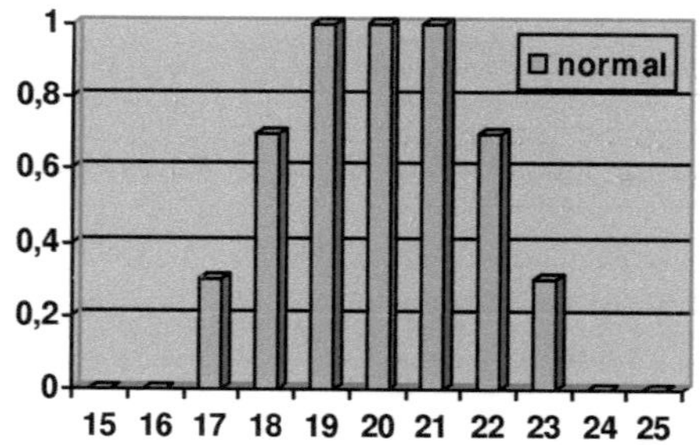

- Ventilstellungen

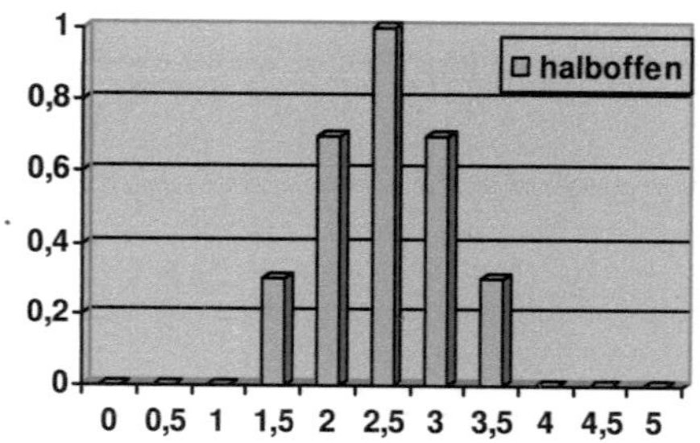

Anwendungsbeispiel Teil 2

- GMP

x ∈ „etwa 20 Grad"
x ∈ „normal" ⇨ y ∈ „halboffen"
y ∈ ???

- Berechnung der Konklusion

$$Konklusion = etwa\ 20\ Grad \circ I(normal, halboffen)$$

- Implikationsoperator?
  - Regel ist wahrheitsqualifizierend

Anwendungsbeispiel Teil 3

- Implikationsrelation berechnen mit gewähltem Implikationsoperator

$$I(normal, halboffen) =$$

$$= \begin{bmatrix} 1 & 1 & 1 & 1 & 1 & 1 & 1 & 1 & 1 & 1 & 1 \\ 1 & 1 & 1 & 1 & 1 & 1 & 1 & 1 & 1 & 1 & 1 \\ 0{,}7 & 0{,}7 & 0{,}7 & 1 & 1 & 1 & 1 & 1 & 0{,}7 & 0{,}7 & 0{,}7 \\ 0{,}3 & 0{,}3 & 0{,}3 & 0{,}6 & 1 & 1 & 1 & 0{,}6 & 0{,}3 & 0{,}3 & 0{,}3 \\ 0 & 0 & 0 & 0{,}3 & 0{,}7 & 1 & 0{,}7 & 0{,}3 & 0 & 0 & 0 \\ 0 & 0 & 0 & 0{,}3 & 0{,}7 & 1 & 0{,}7 & 0{,}3 & 0 & 0 & 0 \\ 0 & 0 & 0 & 0{,}3 & 0{,}7 & 1 & 0{,}7 & 0{,}3 & 0 & 0 & 0 \\ 0{,}3 & 0{,}3 & 0{,}3 & 0{,}6 & 1 & 1 & 1 & 0{,}6 & 0{,}3 & 0{,}3 & 0{,}3 \\ 0{,}7 & 0{,}7 & 0{,}7 & 1 & 1 & 1 & 1 & 1 & 0{,}7 & 0{,}7 & 0{,}7 \\ 1 & 1 & 1 & 1 & 1 & 1 & 1 & 1 & 1 & 1 & 1 \\ 1 & 1 & 1 & 1 & 1 & 1 & 1 & 1 & 1 & 1 & 1 \end{bmatrix}$$

Anwendungsbeispiel Teil 4

- Anschließend sup-min-Verkettung durchführen

$$Konklusion = etwa\ 20\ Grad \circ I(normal, halboffen) =$$
$$[0{,}2 \quad 0{,}2 \quad 0{,}2 \quad 0{,}3 \quad 0{,}7 \quad 1 \quad 0{,}7 \quad 0{,}3 \quad 0{,}2 \quad 0{,}2 \quad 0{,}2]$$

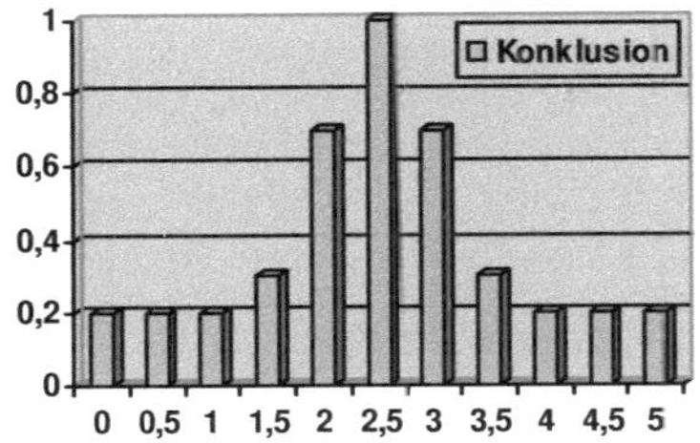

- Konklusion: Heizungsventil auf 2,5 stellen

Fuzzy Regelsysteme

- Einzelne Regel $R = I(A, B)$ entspricht der Gleichung $A \circ R = B$
- System: „Wenn A_i, dann B_i“
- Ein R muss *alle* Gleichungen erfüllen.
- $B' = A' \circ R$
  - Eine einzige Regel*anwendung* notwendig, alle Regeln werden dabei berücksichtigt.

Fazit

- Approximatives Schließen ist für den Einsatz in Expertensystemen geeignet
- Verwendung des generalisierten Modus ponens
- Auswahl eines passenden Implikationsoperators anhand von axiomatischen und semantischen Vorgaben
- Hohe Berechnungskomplexität

Danke für die Aufmerksamkeit!